Daniel

Tipik
cadet

Docteur Crapule

Béatrice Rouer

illustrations
Cyril Hahn

Magnard
Jeunesse

Pour mon docteur...

Pour tous les « soignants » :
« Pitié, si un jour
je me retrouve à l'hôpital,
soyez sympa, laissez-moi venir
avec mon hamster... »

20, rue Berbier-du-Mets - 75013 Paris
www.magnard.fr

Loi n° 49-956 du 16-07-1949 sur les publications destinées à la jeunesse.

Photogravure : MCP/Jouve
Conception de couverture : Lonsdale

N°ISSN : 1767/3046 /N°ISBN : 2210981514

Dépôt légal : mars 2006 - N° d'éditeur : 2006/104
Achevé d'imprimer en février 2006 par Eurografica - Vicenza (Italie)

chapitre 1

J'atterris dans un grand sac...

Ça y est ! J'ai retrouvé ma Capucine !

Elle est dans un drôle d'endroit... En arrivant, j'étais mort de peur mais, dès que j'ai reconnu sa voix, j'ai sauté du sac, galopé jusqu'à elle et, maintenant, je suis bien caché sous ses draps.

Ça faisait deux jours qu'elle m'avait laissé seul à la maison ! J'avais beau faire du sport en tournant dans ma roue comme un hamster olympique, je m'ennuyais.

Ce matin, maman est venue mettre des graines dans ma cage et elle a oublié de fermer la porte. Elle prenait des vêtements de Capucine dans l'armoire et elle marmonnait toute seule : « Ouf, je suis soulagée, ça s'est bien passé, cette opération de l'appendicite. Je vais lui apporter un pyjama propre et son nounours. »

Elle est sortie un moment et j'en ai profité pour m'approcher du sac : j'avais envie de respirer l'odeur de ma maîtresse. Finalement, je n'ai pas résisté, je me suis glissé dedans. Quel bonheur ! Ça sentait bon la petite fille propre et gentille, ça sentait bon ma Capucine.

Je venais à peine de fourrer mes moustaches sur son pyjama que j'ai entendu un bruit de fermeture éclair, et le sac s'est mis à bouger. J'ai été trimbalé comme une écorce de tournesol dans un paquet de graines et, enfin ça a été le calme. J'ai entendu la voix de maman qui disait à Capucine :

« Regarde, je t'ai apporté nounours !

– Oh, lui, je l'aime bien, mais je préfère mon hamster, mon super Crapule ! »

En entendant ça, mon cœur a bondi. J'ai foncé sur le sol brillant, galopé vers la musique chérie de sa voix et je me suis retrouvé contre elle !

Elle a juste poussé un petit cri de surprise. Maman s'est inquiétée :

« Ça ne va pas, chérie ?

— Euh, non, enfin si, oui... »

Elle a éclaté de rire et puis elle s'est arrêtée brusquement :

« Aïe, ça me fait mal au ventre, quand je ris.

— C'est normal, c'est à cause de ton opération. »

J'étais parti au fond du lit me nicher contre son mollet quand j'ai senti que Capucine se raidissait. Une dame venait d'entrer et elle disait :

« Capucine, on va t'emmener faire une radio. »

chapitre 2

On découvre une bosse bizarre...

Capucine n'était pas ravie du tout. Elle se demandait comment elle allait me cacher. Elle a essayé de protester :

« Je ne peux pas me lever...

— On va t'emmener dans ton lit. Il suffit de le pousser, il a des roulettes.

— Je suis encore un peu faible. »

Maman s'est énervée : « Pas de caprice ! Le docteur veut prendre une photo de l'intérieur de ton corps. C'est important de vérifier que tout va bien. »

Alors, Capucine a dit oui. En même temps, sa main m'a attrapé pour me cacher sous son dos. Ce petit creux était chaud, douillet, ça sentait bon et il faisait noir. Je me suis aplati pour ne pas être écrasé et j'ai décidé de ne plus remuer.

En revenant dans la chambre, Capucine s'est endormie. Maman lisait. Moi, je grignotais le drap pour me fabriquer un appartement sympathique, avec chambre, cuisine et W.-C. séparé.

Soudain, la porte s'est ouverte et j'ai flairé une horrible odeur de vanille et de noix de coco, le parfum de l'infirmière. Maman a posé son journal et demandé d'un ton surpris :

« Quelque chose ne va pas ?

— C'est incompréhensible ! On l'a opérée hier et pourtant, ce matin, elle a une grosse boule sur le côté ! »

Capucine s'était tout à fait réveillée. Elle savait très bien d'où provenait cette boule. Mais comment expliquer que c'était son hamster ?

L'infirmière est sortie. Maman l'a suivie en disant qu'elle allait se chercher un café. Et nous sommes restés – enfin – seuls, Capucine et moi. Elle a pu me faire tous les câlins dont elle avait envie, et je me suis frotté contre elle. J'ai même voulu sauter affectueusement sur son ventre, mais elle a poussé un cri : « Aïe, Crapule, pas sur ma cicatrice ! » Cicatrice, c'était nouveau, comme truc. Elle n'avait pas ça avant, juste un petit nombril. Bon, je me suis éloigné de la zone dangereuse et je suis sorti du lit pour aller explorer cet univers. Il y en avait, des choses à découvrir : le grand lit blanc, la table brillante et, dessus, des machins avec des boutons partout... j'ai sauté à pieds joints sur un bidule gris, et il s'est mis à sonner. Capucine a éclaté de rire. Moi, j'ai fait un bond de surprise et je me suis retrouvé par terre. J'étais au milieu de la pièce quand l'infirmière est entrée :

« Tu m'as appelée ? Quelque chose ne va pas ?

— Si, tout va bien.

— Alors, pourquoi as-tu sonné ?

— Je... Je l'ai pas fait exprès.

— La prochaine fois, je t'interdis de me déranger pour rien et... »

Subitement, elle s'est arrêtée et elle a hurlé :

« Une bête, j'ai vu une bête par terre ! »

Panique, panique et triple panique ! J'avais bien compris que je n'étais pas le bienvenu. Je suis une bête, mais pas si bête… Vite, j'ai réussi à me glisser dans un petit trou de mousse derrière le fauteuil. L'infirmière n'en revenait pas :

« J'ai vu une souris sur le sol. Elle fonçait comme une fusée.

— C'est impossible, a dit Capucine, on n'a jamais vu de souris dans un hôpital. »

L'infirmière est sortie en ronchonnant :

« Je n'ai pas rêvé. Je vais ouvrir l'œil et je la trouverai, cette saleté ! »

chapitre 3

Je peux (enfin) manger...

Je venais tout juste de finir la construction de mon nouvel appartement, 100 % pur drap de lit, quand une dame a déposé un plateau chargé de bonnes choses à manger. L'odeur était si appétissante que je suis sorti de ma cachette. Capucine s'amusait de me voir poser les pattes dans la purée, comme si c'était de la neige tiède... Je les ai essuyées proprement sur une tranche de pain et me suis attaqué au délicieux morceau de fromage jaune posé sur une assiette transparente. J'étais ravi de m'empiffrer mais, comme disait ma maman hamster : « Rien ne sert d'avoir les yeux plus gros que le ventre, il faut savoir se servir de ses bajoues ! » J'ai rempli les poches de mes joues et je les ai vidées dans la cuisine de mon appartement. Car maman disait aussi : « Rien ne sert d'avoir un logis beau, si vide est le frigo ! »

Capucine s'était endormie, j'en ai profité pour aller faire un tour dans la chambre. Sur la table de nuit, il y avait la télécommande de la télé : je me suis amusé à rebondir sur les touches. C'était rigolo, presque comme un trampoline pour hamster. Soudain, j'ai sursauté : la télé s'était allumée. On entendait des voix et de la musique. Capucine s'est retournée dans son sommeil. J'étais drôlement embêté. Un peu au hasard, j'ai appuyé sur les ronds noirs. Mais, au lieu de s'arrêter, le bruit s'est mis à augmenter, augmenter, augmenter de plus en plus fort. Ça me rentrait dans les oreilles, ça me martyrisait le cerveau, c'était insupportable. Au secours ! J'ai eu tellement peur que j'ai fait pipi en plein sur la télécommande ! Aussitôt, le son s'est arrêté et l'écran s'est éteint. Mais c'était trop tard ! Vanille-à-la-noix-de-coco passait la tête par la porte en bougonnant :

« Moins fort, la télé ! »

Vite, j'ai plongé dans le tiroir de la table de nuit. Encore trop tard ! Elle m'avait vu :

« Une souris, il y a une souris ! »

Jeanne, la dame qui apporte à manger, est arrivée aussitôt.

« Vous avez encore vu une souris ?

— Oui, j'étais venue pour dire à Capucine de baisser le son quand...

— Mais Capucine dort et la télé n'est pas allumée.

— Pourtant, j'en suis sûre, c'était le feuilleton “Les feux de l'amour”, a protesté l'infirmière.

— Vous avez le temps de regarder la télé pendant vos heures de travail ?

— Oh non, non, non, bien sûr...

— Je crois que vous êtes très fatiguée, Édith ! »

chapitre 4

Le portrait d'un magnifique hamster doré

Je commençais à m'endormir quand un bruit m'a réveillé. C'était une nouvelle dame, à la voix pleine de soleil. Elle a proposé à Capucine :

« Tu veux venir dans la salle de jeux ?

— Vous avez des jouets, ici ?

— Plein : des livres, des Lego, une maison de poupée, un garage, des autos...

— D'accord. J'enfile ma robe de chambre et j'arrive... »

La dame des jeux est sortie et Capucine a frappé à la porte de mon appartement du bout de son gros orteil. O.K., ça va, j'ai compris, pas moyen de dormir ici, me voilà… Quand je suis arrivé au bord du lit, elle était déjà en train d'enfiler ses pantoufles. Elle m'a expliqué :

« Je t'emmène avec moi dans ma poche, c'est plus prudent. Surtout, ne bouge pas, ne sors pas le museau, compris ? »

Comme si j'allais oser me balader partout… Mais de là à ne pas sortir le museau… Difficile ! Difficile pour un hamster curieux de résister à la tentation de pointer ses moustaches comme un radar.

Dans le couloir, nous avons croisé Jeanne, qui a fait un petit coucou à Capucine. J'ai vu qu'elle regardait la poche de sa robe de chambre d'un air étonné. Alors, vite, j'ai rentré la tête. Cette idiote de Capucine a rougi et a mis la main dessus. Jeanne a continué son chemin en souriant d'un air bizarre.

La gentille dame à la voix de soleil a sorti de la peinture, une feuille et un pinceau. Elle a dit à Capucine :

« Ça te tente ? »

Ma maîtresse a commencé à peindre... Elle réalisait le portrait d'un magnifique hamster doré faisant le beau sur un lit d'hôpital. Je dois avouer, hé ! hé !, que c'était plutôt ressemblant. Un garçon s'est approché pour admirer le dessin. Mais la dame a dit d'un ton mécontent :

« Gauthier, qu'est-ce que tu fais là ?

— Je viens jouer.

— Tu sais pourtant que tu n'as pas le droit.

— Je m'ennuie, j'en ai assez d'être toujours seul.

— Je veux bien te prêter des livres, mais, désolée, tu ne peux pas rester. Les autres enfants risqueraient d'attraper ta maladie. »

Gauthier est retourné tristement dans sa chambre. Capucine s'était arrêtée de peindre pour le regarder.

« Quel beau dessin ! a dit la dame en rose. Tu pourras l'accrocher pour le montrer au docteur. Je suis sûre qu'il sera épaté...

Crapule

— Sûr ! Bon, ben, je vais y aller.

— Où ça ?

— L'accrocher...

— Tu peux revenir ensuite, si tu veux...

— Je... j'ai pensé à quelque chose, a dit Capucine d'un seul coup. Et si vous me prêtiez un jouet ?

— Qu'est-ce que tu voudrais ?

— Cette voiture-là, cette grande ambulance téléguidée. Ça sera très amusant de la faire marcher dans le couloir. »

Capucine est partie avec la grosse voiture blanche. Et moi, qui connais bien ma maîtresse, j'ai été surpris, elle ne joue jamais aux autos... Elle avait forcément une petite idée derrière la tête... Mais laquelle ?

chapitre 5

Je n'aime pas beaucoup l'idée de Capucine

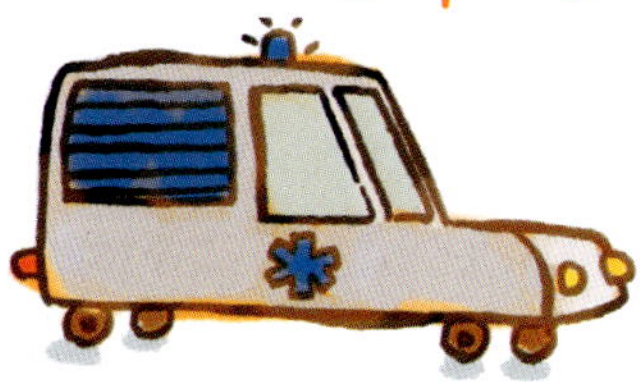

J'avais raison de me méfier ! Le projet de Capucine, forcément, ça ne pouvait pas plaire à un hamster intelligent qui a envie de profiter de son nouvel appartement avec w.-c. séparé et frigo plein à craquer.

Ce qu'elle voulait, c'était distraire Gauthier, ce garçon qui n'avait pas le droit de recevoir de visites à cause de sa maladie. Capucine a eu l'idée idiote de lui envoyer quelqu'un d'autre : MOI ! J'ai protesté, râlé, essayé de me sauver, mais il n'y a rien eu à faire, elle m'a forcé à entrer dans l'ambulance. Puis, elle a écrit sur un papier : « Salut, Gauthier. Je t'envoie un ami, prends soin de lui — Capucine (chambre 10). » Elle a glissé le papier dans la voiture et a fait marcher la télécommande. Au bout de quelques secondes, j'ai senti que l'auto cognait contre une porte. De loin, Capucine a déclenché le Klaxon et la porte s'est ouverte.

Bien sûr, Gauthier a dû être étonné en voyant une auto arriver toute seule. Il a pris le papier, l'a lu, et m'a délivré. Je suis sorti avec dignité, un peu furieux quand même d'être utilisé comme un jouet. Gauthier a beaucoup ri en me voyant. Il a trouvé lui aussi un bout de papier et il a écrit : « Merci pour l'ami, il a l'air gentil. Je vais lui montrer ma chambre. Au fait, qu'est-ce que tu as comme maladie ? »

Tûûûût, l'ambulance a délivré sa réponse : « J'ai l'appendicite ».

Lapin-dicite ? C'était quoi, cette nouvelle bestiole ? Est-ce que je ne lui suffisais plus ? Heureusement, j'ai compris en écoutant la suite : « C'est un petit bout de chair qu'on a dans le ventre et qui ne sert à rien. Parfois, ça fait mal, alors il faut l'enlever. Et toi ? P.S. : embrasse mon Crapule pour moi. »

Gauthier m'a immédiatement collé un gros baiser et a répondu :

« J'ai une gastro, un sale microbe qui se met dans les intestins, et qui donne tout le temps envie de vomir et d'aller aux toilettes. Si on l'a très fort, avec beaucoup de fièvre, il faut se rendre à l'hôpital. Le problème, c'est que c'est contagieux. Le microbe adore changer d'intestin. »

Le papier est parti vers la chambre 10, et j'ai attendu avec impatience la réponse. Gauthier a été un peu triste en la lisant. Moi, j'étais fou de bonheur. Ouf, elle m'aimait toujours ! En apprenant que son copain était bourré de microbes comme une bombe à retardement, elle lui avait demandé de me renvoyer. « Tu comprends, avait-elle écrit, je ne peux pas prendre le risque que mon hamster tombe malade. Il est si petit, si fragile, je ne sais pas s'il s'en remettrait... »

Et voilà comment je suis revenu dans la chambre de Capucine. Nos retrouvailles ont été émouvantes, mais ce sont des choses intimes et personnelles et je ne peux pas vous les raconter.

chapitre 5

Je commence à avoir, moi aussi, une bonne idée...

Capucine voulait regarder la télé. Elle a donc pris la télécommande, mais rien ne s'est allumé. Je savais pourquoi : quelqu'un (hum ! hum !) avait fait pipi dessus. Seulement, ma maîtresse l'ignorait et, bêtement, elle a sonné pour appeler Vanille-à-la-noix-de-coco. Celle-ci est arrivée, pas contente :

« J'espère que tu ne m'appelles pas pour des prunes. J'en ai marre ! C'est le grand jeu de tous les enfants, ici, de sonner l'infirmière.

— La télécommande ne marche pas.

— Elle est toute neuve !

— Regardez ! »

La terrible Vanille-à-la-noix-de-coco a pris la petite boîte noire, et, inévitablement, elle a remarqué :

« Ce truc est mouillé ! En plus, il sent bizarre. »

Elle a reniflé la télécommande et est devenue très pâle :

« Ça sent le pipi de souris ! »

Juste à ce moment-là, Jeanne est entrée avec le goûter. En voyant la tête de l'infirmière, elle s'est inquiétée :

« Ça ne va pas, Édith ?

— Sens !

— Tu veux que je renifle la télécommande ?

— Oui. Ça pue le pipi de souris !

— Écoute, il faut qu'on parle, toutes les deux. Tu es obsédée par les souris. Tu en as déjà vu dans l'hôpital ? »

Édith a eu un sursaut :

« Non, pas dans l'hôpital, jamais ! Mais je sais qu'il y en a dehors, tout autour.

— Réfléchis : comment feraient-elles pour pénétrer ici ? Il n'y a pas de cave, pas de grenier, pas de trous dans les murs…

— Et la porte ?

— La porte du grand hall ?

— Oui, si personne ne regarde, elles peuvent facilement entrer… »

Sous le drap du lit, niché dans son bel appartement, un petit hamster malin et curieux ne perdait pas un mot de cette passionnante conversation... Ainsi, il y avait des souris en dehors de l'hôpital. Et peut-être même DANS l'hôpital ? Intéressant...

Les deux femmes ont parlé encore un moment. Plus tard, j'ai vaguement entendu les voix de papa et maman, mais une journée pareille, franchement, ça m'avait épuisé. Je ne me suis réveillé que le soir, quand j'ai entendu les sanglots de Capucine...

chapitre 7

Je fais connaissance avec mes cousines

La pauvre petite pleurait de tout son cœur en serrant son nounours. J'ai essuyé ses larmes avec mes moustaches, je me suis roulé en boule contre sa joue, mais rien à faire, elle ne se calmait pas ! Alors, j'ai essayé de l'amuser en me dressant sur mes pattes arrière, comme un chien qui fait le beau. D'habitude, ça marche impeccable. Mais là, ma petite maîtresse n'arrêtait pas de sangloter très fort, comme si son nez était un robinet trop étroit pour toutes les larmes qui voulaient sortir : « Crapule, j'en ai assez d'être à l'hôpital, je voudrais retourner à ma maison, dans ma chambre, dormir près de mon papa et de ma maman. »

Je ne pouvais quand même pas téléphoner à maman. Il fallait trouver autre chose pour lui changer les idées... Quelque chose qui l'amuse, sans la faire rire trop fort, pour qu'elle oublie l'hôpital et sa cicatrice sur le ventre. Un peu ce qu'elle avait manigancé avec Gauthier, en m'envoyant vers lui.

Lui envoyer un ami... Oui, mais qui ? D'un seul coup, j'ai pensé à ce qu'avait dit l'infirmière, à mes cousines, ces souris libres et sauvages qui vivent près de l'hôpital et j'ai pris la décision de partir à leur rencontre...

Capucine n'avait pas beaucoup dîné, il restait du fromage sur son plateau. Je l'ai mis dans mes bajoues comme provisions de route. J'ai fait un petit câlin à ma maîtresse pour lui dire : « T'en fais pas, je reviens bientôt » et je suis parti.

Le premier obstacle, c'était la porte de la chambre. Fermée, bien sûr. Mais je savais comment l'ouvrir. J'ai sauté sur la sonnette qui sert à appeler Vanille-à-la-noix-de-coco. Ça n'a pas raté : elle est arrivée cinq minutes après, en ronchonnant :

« Qu'est-ce qu'il y a encore ? »

Je ne sais pas ce que Capucine a répondu. Moi, j'avais déjà filé dans le couloir, direction la sortie. Je suis arrivé dans une espèce de grand hall. Ça sentait l'air frais, l'air du dehors. Mais la porte était fermée. Heureusement, j'ai entendu des pas. C'était une dame ! Elle ne s'est pas doutée un seul instant qu'elle était suivie par un séduisant hamster à fourrure dorée. Elle est arrivée devant l'entrée, a appuyé sur des boutons en marmonnant : « Pourvu que je ne me trompe pas dans le code » et elle est sortie.

Je me suis retrouvé sur un grand gazon vert, drôlement content de respirer de l'air pur. J'étais fier de moi ! Je pensais avoir fait le plus dur, m'imaginant naïvement que les cousines allaient m'accueillir à bras ouverts...

Je me suis planté sur l'herbe et j'ai crié bien fort (en langage hamster) :

« Coucou, je suis venu vous rendre visite ! »

Personne n'a répondu.

J'ai recommencé à crier :

« C'est moi. Vous venez me dire bonjour ? »

Une vieille moustachue a surgi de derrière un buisson :

« La ferme ! Sale bronzé des beaux quartiers !

— Non mais, visez-moi ce minus », a gloussé une petite à l'air futé.

Moi, je ne riais pas. Surtout quand j'ai vu se placer devant elle un gros costaud qui m'a lancé :

« Qu'est-ce tu fiches ici, toi ? »

chapitre 8

Capucine s'amuse beaucoup

Il ne fallait surtout pas que je me laisse impressionner ! J'ai répondu, en crachant ma réserve de fromage :

« Je vous ai apporté des cadeaux.

— La vache ! C'est du frometon, et du bon.

— De la part de ma maîtresse, Capucine.

— Cool, dis donc, ta fleur de capucine.

— C'est pas une fleur, c'est une fille. Elle est malade et elle s'ennuie. »

Pendant cette discussion, les souris avaient avalé le fromage. Elles étaient maintenant une dizaine et me regardaient d'un autre œil. Le gros costaud s'est approché :

« Elle en a encore, des bonnes choses comme ça, ta fille fleur ?

— Oh ! oui, sa maman lui a apporté un paquet de gâteaux...

— Et tu crois qu'elle... partagerait ?

— Bien sûr ! Elle n'a pas très faim en ce moment.

— Si on allait y faire un tour ? a demandé la jolie futée...

— Il n'y a pas de danger, au moins ? » a grogné la grosse moustachue.

Là, j'étais bien embêté, je ne pouvais quand même pas leur cacher la vérité...

« Eh bien, Capucine sera ravie de vous voir. Mais… euh… dans l'hôpital, il y a des gens qui ne vous aiment pas…

— T'inquiète, on a l'habitude.

— Il faudra y aller prudemment, surtout ne pas se faire remarquer. »

Le costaud, qui avait l'air d'être le chef, a décrété :

« Sûr ! On assure Arthur ! »

Nous nous sommes cachés à la queue leu leu près de l'entrée. Un homme arrivait… Hop, je me suis faufilé par l'ouverture, suivi de mes dix cousines. Le gros costaud – il s'appelait Ryan – a rigolé :

« Ça baigne Eugène ! »

Par chance, la porte de la chambre de Capucine était restée entrouverte. Nous n'avons eu aucun mal à nous glisser à l'intérieur. Ryan a levé la patte en disant :

« Ça roule Bouboule ! »

Capucine ne dormait pas. Elle avait les yeux grands ouverts, l'air triste, et elle suçait son pouce. J'ai immédiatement grimpé jusqu'à son lit, suivi par mes dix cousines.

Je dois avouer que le coup était réussi : ma pauvre petite malade s'est immédiatement redressée, ébahie de voir une colonie de souris sur son lit ! Elle s'est mise à sourire tandis que je proposais à mes cousines de visiter mon appartement. Ces dernières ont beaucoup apprécié mon logement, quoique la grosse moustachue ait trouvé que c'était un peu trop moderne à son goût !

Ryan, lui, ne perdait pas de vue le but de sa visite :

« D'accord Hector, il est cool, ton appart'. Mais quand est-ce qu'on bouffe ? »

Je n'ai pas eu besoin de faire comprendre le problème à Capucine. Elle avait sorti d'elle-même le paquet de gâteaux. Les cousines se sont installées toutes en rond sur les genoux de la malade, qui s'amusait comme une folle à leur distribuer des bouts de galette bretonne. Bref ! la fête était très réussie, et tout aurait pu continuer ainsi si cet idiot de Ryan n'avait pas trouvé intelligent de marcher sur la sonnette ! Tout de suite après, on a entendu des grognements mécontents et ma grande amie (!) est entrée…

chapitre 9

Nous rentrons !

En deux secondes, nous avons filé sous les draps. Mais la terrible infirmière avait eu le temps de nous voir ! Elle a poussé un cri épouvantable, tellement atroce que Jeanne est arrivée aussitôt :

« Qu'est-ce qu'il y a, Édith, c'est grave ?

— Des souris, des dizaines de souris, j'ai vu des centaines de souris, là, sur le lit. Quelle horreur ! »

Aplaties sous le tissu blanc, les dix cousines tremblaient de tous leurs poils. Heureusement, Jeanne nous a tirées de ce mauvais pas :

« Je t'ai déjà expliqué que c'est impossible qu'il y ait des souris dans un hôpital, tu devrais aller consulter un médecin.

— J'en vois tous les jours, ici, des médecins.

— Il t'en faudrait un spécial.

— Pas du tout ! Je n'ai pas rêvé. Demain, je vais apporter des tapettes à souris, et on verra ce qu'on verra ! »

Et elles sont sorties de la chambre. Ouf ! Ryan, qui avait eu aussi peur que les autres, faisait maintenant son frimeur :

« Cool Raoul, relax Max, elles ne nous ont pas tuées, ces bonnes femmes ?

— N'empêche, vaut mieux rentrer chez nous. On y mange moins bien, mais c'est plus tranquille, a dit la grosse moustachue.

— Pas de souci mon kiki ! », a ajouté Ryan.

Et elles ont filé, aussi vite qu'elles étaient arrivées !

Le lendemain matin, Jeanne est entrée avec le petit-déjeuner en annonçant à Capucine :

« Tu vas devoir retourner à la radio. Le docteur ne veut pas te laisser sortir sans avoir éclairci cette histoire de bosse. »

Une heure plus tard, elle a emmené Capucine, et moi, je suis resté tout seul. Et puis, Capucine est revenue, maman est arrivée avec le docteur qui a dit :

« C'est vraiment un cas très spécial. Hier, elle avait une bosse sur le côté, et aujourd'hui, on ne trouve rien.

— Elle peut rentrer à la maison ? a demandé maman.

— Je n'ai aucune raison de la garder plus longtemps. Dès que vous serez prêtes, vous pourrez partir. »

Yéééééééé ! Gagné !

Capucine s'est habillée, a mis ses affaires (et son hamster) dans son sac. Puis elle a pris son nounours et elle a dit à maman :

« Je veux le donner à Gauthier, un copain que je me suis fait ici.

— Ton nounours, mais...

— Je n'en ai pas besoin, j'ai un hamster.

— Je ne voudrais pas te faire de peine, c'est très triste, mais ton petit hamster, j'ai l'impression qu'il s'est sauvé.

— Pas grave ! Je trouverai bien un moyen pour le faire revenir ! »

En passant dans le couloir, nous avons dit au revoir et merci à Vanille-à-la-noix-de-coco et à Jeanne. L'infirmière tenait une tapette à souris dans chaque main. Jeanne, elle, me faisait un grand sourire malicieux :

« Bon retour chez toi, Capucine, enfin, je veux dire, chez vous... Et prends bien soin de... euh... tu sais qui... »